W0193723

Hans Gärtner

# Leselöwen
# Scherzfragen

Zeichnungen von
Hans-Christian Sanladerer

Loewe

*Dieses Buch ist auf chlorfrei gebleichtem Papier gedruckt.*

JSBN 3-7855-2698-9 – 2. Auflage 1996
© 1995 by Loewe Verlag GmbH, Bindlach
Umschlagillustration: Dagmar Geisler
Satz: Fotosatz Leingärtner, Nabburg
Gesamtherstellung: L.E.G.O. S.P.A., Vicenza
Printed in Jtaly

# Inhalt

# Scherz beiseite –
# auf ein Wort zuvor!

Wenn dich dein Papa oder deine Mama
vor dem Schlafengehen fragen, ob du
alle deine Hausaufgaben erledigt hast, so
meinen sie das ernst. Sie stellen dir eine
ernste Frage. Wenn sie dich aber fragen,
wie man „Postbote" ohne „o" schreibt, so
meinen sie das nicht ernst. Sie machen
einen Scherz. Sie stellen dir eine Scherzfrage.

Ernste Fragen werden genug gestellt,
nicht nur in der Schule. Dabei kommt es
aufs Können an und aufs Wissen.

Scherzfragen zu beantworten ist freilich ohne Wissen nicht möglich. Es ist dies aber ein besonderes Wissen, das bei der Scherzfrage gefragt ist. Du mußt meistens sogar mehr wissen als bei der ernsten Frage, nämlich dies: Eine „normale" Antwort ist nicht die Lösung der Scherzfrage. Auf die richtige Lösung kommt schon eher der, der mit seiner Antwort ein bißchen „danebenliegt", der „um die Ecke" denkt und der beachtet, daß viele Wörter einen doppelten Sinn haben.

Nimm als Beispiel das Wort „Zug". Wenn du weißt, daß „Zug" nicht nur eine einzige Bedeutung hat, dann fällt es dir nicht schwer, die Scherzfrage „Welcher Zug braucht keine Gleise?" zu beantworten.

Denkst du bei „Zug" an die Eisenbahn, bist du auf dem Holzweg. Denkst du aber beispielsweise an Wörter wie An-*zug*, Durch-*zug*, Schach-*zug*, so triffst du ins Schwarze. Gleich dreimal übrigens.

Jawohl, Scherzfragen sind keineswegs immer eindeutig zu beantworten. Auch bei der bereits anfangs gestellten Scherz-frage nach dem „Postboten", der ohne „o" geschrieben werden soll, gibt es zwei Möglichkeiten, scherzhaft zu antworten: „Briefträger" und „Zusteller".

Wie entstehen Scherzfragen? Vielleicht, weil es Leute – auch Kinder – gibt, denen es auf der Welt langweilig wäre, wenn sie alles ernst nehmen müßten. Und: vielleicht, weil unsere Sprache Geheimnisse birgt, auf die man – nicht selten durch Zufall – stößt. Scherzfragen kann man auch selbst erfinden. Jch bin sicher, daß dir das auch gelingt, sobald du alle Scherzfragen in diesem Buch gestellt und beantwortet hast. Viel Spaß dabei wünscht dir

Hans Gärtner

# Dreiunddreißig Rätsel

Wer von euch ist klug und fleißig?
Dreiunddreißig Rätsel weiß ich.
Spitzt das Ohr und spitzt die Feder,
Und nun schreib' sich auf ein jeder:

1. Welche Uhr hat keine Räder?
2. Welcher Schuh ist nicht von Leder?
3. Welcher Stock hat keine Zwinge?
4. Welche Schere keine Klinge?
5. Welches Faß hat keinen Reif?
6. Welches Pferd hat keinen Schweif?
7. Welches Häuschen hat kein Dach?
8. Welche Mühle keinen Bach?
9. Welcher Hahn hat keinen Kamm?
10. Welcher Fluß hat keinen Damm?
11. Welcher Bock hat keine Haut?
12. Welches Glöcklein keinen Laut?
13. Welcher Kamm ist nicht von Bein?
14. Welche Wand ist nicht von Stein?
15. Welche Kuh hat gar kein Horn?
16. Welche Rose keinen Dorn?
17. Welcher Busch hat keinen Zweig?

18. Welcher König hat kein Reich?
19. Welcher Mann hat kein Gehör?
20. Welcher Schütze kein Gewehr?
21. Welcher Schlüssel sperrt kein Schloß?
22. Welchen Karren zieht kein Roß?
23. Welches Futter frißt kein Gaul?

24. Welche Katze hat kein Maul?
25. Welcher Bauer pflügt kein Feld?
26. Welcher Spieler verliert kein Geld?
27. Welcher Knecht hat keinen Lohn?
28. Welcher Baum hat keine Kron'?
29. Welcher Fuß hat keine Zeh'?
30. Welcher Streich tut keinem weh,
(bis welcher Wurf und Stoß und Schlag?
33.) Rat' nun, wer da kann und mag!

Friedrich Güll

## Auflösungen der dreiunddreißig Rätsel

1. Sonnenuhr oder Sanduhr
2. Radschuh
3. Blumenstock
4. Krebsschere
5. Tintenfaß
6. Steckenpferd
7. Schneckenhaus
8. Windmühle
9. Wasserhahn
10. Überfluß
11. Sägebock
12. Schneeglöcklein
13. Hahnenkamm
14. Holzwand
15. Blindekuh
16. Wasserrose
17. Federbusch
18. Zaunkönig
19. Schneemann
20. Bogenschütze
21. Uhrschlüssel
22. Schubkarren
23. Rockfutter
24. Geldkatze
25. Vogelbauer
26. Schauspieler
27. Stiefelknecht
28. Mastbaum
29. Pferdefuß
30. bis 33. Zapfenstreich, Maulwurf, Holzstoß, Pulsschlag

# Nie, nie, nie!

Es gibt Glocken, die nie läuten.

*Die Osterglocken*

Es gibt Decken, unter denen man nie schläft.

*Die Zimmerdecken*

Es gibt Spatzen, die nie fliegen.

*Die Käsespatzen*

Es gibt einen Finken, der sich nie wäscht.

*Der Schmutzfink*

Es gibt Teller, von denen man nie ißt.

*Die Plattenteller*

Es gibt einen Zahn, der nie beißt.

*Der Löwenzahn*

Es gibt Augen, die nie etwas sehen können.

*Die Hühneraugen*

Es gibt einen Laden, der nie Waren hat.

*Der Fensterladen*

Es gibt Kunden, die nie einkaufen.

*Die Urkunden*

Es gibt ein Kissen, auf dem nie jemand
schläft. *Das Stempelkissen*

Es gibt Träger, die für ihr Tragen nie
bezahlt werden. *Die Hosenträger*

Es gibt einen Schlüssel, der nie ein
Schloß schloß. *Der Notenschlüssel*

Es gibt Beeren, die zwar geerntet, aber
nie gegessen werden. *Die Lorbeeren*

Es gibt etwas, was nie von der Sonne
beschienen wird. *Der Schatten*

# Kennst du den Unterschied ...

## ... zwischen einem Klavier und einer Geige?

*Ein Klavier brennt länger.*

## ... zwischen einem Fernsehapparat und einer Tageszeitung?

*In die Zeitung kann man sich sein Pausenbrot einwickeln.*

## ... zwischen einem Blitz und einem Pferd?

*Der Blitz schlägt ein, das Pferd schlägt aus.*

... zwischen einem Langstreckenläufer und einer Fensterscheibe?

*Der Langstreckenläufer läuft erst, und dann schwitzt er. Die Fensterscheibe schwitzt erst, und dann läuft sie.*

... zwischen einer Geige und einem Baum?

*Die Geige hat ein G, der Baum Zwei-ge.*

... zwischen 2 x 2 und einer sauren Gurke?

*Es ist ausgemacht: 2 x 2 = 4. Die saure Gurke ist eingemacht.*

... zwischen einem Auto und einer Rolle Klopapier?

*Das Auto kann man gebraucht noch verkaufen.*

... zwischen mein und dein?

*Keine Ahnung? Dann wird dir bald Gefängnis drohen!*

# Achtung, nicht aufs Glatteis führen lassen!

Wie oft läßt sich die Zahl 2 von der Zahl 10 abziehen?

*Nur einmal*

Eine halbe Glatze hat hundert Haare. Wie viele Haare hat eine ganze?

*Gar keine*

Auf welche Frage, die bestimmt jeder Schüler schon öfter gehört hat, kann nie mit „ja" geantwortet werden?

*Auf die Frage „Schläfst du?"*

Hans träumt, seine beiden Freunde seien von der Brücke ins Wasser gefallen. Beide zugleich kann er nicht retten. Was soll Hans tun?

*Sofort aufwachen*

Ein Kartoffelhändler ist 53 Jahre alt, 170 Zentimeter groß, dabei dick und rund. Was wird er wohl wiegen?

*Kartoffeln, was denn sonst?*

Wie viele weichgekochte Eier konnte der
Riese Goliath nüchtern verspeisen?

*Eines nur, dann war er nicht mehr nüchtern.*

Wenn ein Ziegenbock mit den Vorder-
beinen in der Schweiz und mit den Hinter-
beinen in Deutschland steht – wer darf
ihn dann melken?

*Niemand, denn einen Ziegenbock*
*kann man nicht melken.*

Soll man den Kaffee in der Tasse mit der rechten oder mit der linken Hand umrühren?

*Weder noch: man nimmt gefälligst einen Löffel dazu.*

Weshalb blasen die Trompeter nie auf Wolkenkratzern?

*Weil sie auf Trompeten blasen.*

**Kann man mit blauer Tinte rot schreiben?**

*Selbstverständlich: das Wörtchen „rot".*

**Wohin gehst du, wenn du neun Jahre alt geworden bist?**

*Jns zehnte (Jahr)*

**Was ist schlimmer als ein frecher Junge?**

*Zwei freche Jungen*

**Wie viele Blätter hat ein Baum?**

*So viele, wie er Stiele hat.*

**Wann wird das Heu gemäht?**

*Nie, nur Gras wird gemäht.*

**Jst es in Andalusien erlaubt, daß ein Mann die Schwester seiner Witwe zur Frau nimmt?**

*Der Mann ist tot, also kann er gar nicht mehr heiraten.*

# Ganz schön (wort)verspielt

Jch kenne Würste, die Würste essen können. Welche kennst du?

*Hanswürste*

Jch weiß von Landen, in denen keine Menschen vorhanden sind. Welche kennst du?

*Girlanden*

Stehend kam es auf die Welt, liegend lief es davon.

*Ein Kanu, das aus einem Baumstamm gefertigt wurde.*

24

Braucht man's, wirft man's weg. Braucht man's nicht, holt man's ran.

*Der Anker*

Ein Gang, der zum Untergang führt – was ist das wohl für einer?

*Der Müßiggang*

Wer nimmt ab und zu ab und ab und zu zu?

*Der Mond*

Es ist weg und bleibt weg und wird doch gesehen und oft benützt. Was ist das wohl?

*Der Weg*

# Die Antwort weiß nur
# das Buch der Rekorde

Welches ist die gefährlichste Hose?

*Die Windhose*

Welches ist der kälteste Vogel?

*Der Zeisig – weil er hinten eisig ist.*

Welches ist der beste Baumeister?

*Der Dumme, dem nie etwas einfällt.*

Welches ist das wachsamste Auge?

Das Hühnerauge – es ist stets auf den Füßen.

Was ist das erste, das ein Mann in seinen
Garten setzt?

Seinen Fuß

Wo liegt der Hase am wärmsten?

In der Pfanne

Welches ist das genügsamste Tier?

Die Motte – sie frißt nur Löcher.

27

# Was ist – was ist nicht?

Was ist ein Chirurg?                    *Ein Aufschneider*

Was ist Kameradschaft nicht?

*Wenn nur der Kamerad schafft.*

Was ist sichtbar – und doch kein Körper?
Was ist unsichtbar – und doch ein Körper?

*Der Schatten – Die Luft*

# Was ist ungerade und doch gerade?

*Die fünf Finger an der Hand*

# Was ist ein Sattelschlepper?

*Ein Cowboy, dem das Pferd durchgegangen ist.*

# Was sind Gesichtspunkte?

*Sommersprossen*

# Was ist eine Wetterwarte nicht?

*Ein Haus, in dem man auf gutes Wetter wartet.*

# Jmmer diese Ostfriesen!

Warum tragen die Ostfriesen montags
immer zerschlitzte Krawatten?

*Weil sie sonntags versucht
haben, mit Messer und Gabel zu essen.*

Warum lesen die Ostfriesen die Zeitung
immer nur mit Sturzhelm auf dem Kopf?

*Weil sie glauben, sie könnten von den Schlag-
zeilen hart getroffen werden.*

# Warum hängen die Ostfriesen vor dem Schlafengehen immer die Tür aus?

*Weil sie dann nicht mehr befürchten müssen, jemand könnte sie durchs Schlüsselloch beobachten.*

# Warum fährt der Opa in Ostfriesland abends immer mit dem Fahrrad um den Tisch?

*Weil er möchte, daß seine Familie bei Licht speisen kann.*

# Lach doch, Mensch!

Was sitzt auf dem Baum und ruft „aha"?

*Ein Uhu mit Sprachfehler*

Ei, ei! Was ist das?

*Zwei Eier*

Wie bringt man warme Wiener Würstchen nach Hawaii?

*Kalt*

Was ist das: hat zwei Arme, acht Beine, drei Köpfe und zwei Flügel?

*Ein Junge, der mit einem Wellensittich auf einem Pferd sitzt.*

Warum läuft der Hase vor einem weißen Hund schneller als vor einem schwarzen davon?

*Weil er meint, der weiße Hund habe die Jacke ausgezogen, um schneller nachzukommen.*

Wo hat der Urgroßvater den ersten Löffel genommen?

*Beim Stiel*

Was ist Tesch, und was ist Pensch?

*Tesch ist ein Druckfehler. Das Wort soll „Tisch" heißen – Pensch ist das Mittelstück vom Lampenschirm.*

Was sollte man tun, wenn man mitten in der Wüste plötzlich vor einer Schlange steht?

*Am besten sich hinten anstellen.*

# Jetzt ist gut dran, wer etwas weiß

Wie macht man aus SALAT ein Groß-gebirge?

*Durch Umstellung der Buchstaben: SALAT – ATLAS*

Welche weltberühmte Stadt wird zu einem Getränk, wenn in ihr zwei Buchstaben den Platz tauschen?

*Wien – Wein*

Welche deutsche Stadt ist angebunden?

*Hannover – liegt an der Leine.*

Welches Land ist auf keiner Landkarte zu finden?

*Das Schlaraffenland*

Wie kann es sein, daß das Meer alle großen Flüsse der Erde aufnimmt und dennoch nicht überläuft?

*Weil so viele Schwämme darin wachsen.*

Warum essen die Narren im Februar weniger als in den übrigen Monaten des Jahres? *Weil der Februar die wenigsten Tage hat.*

Warum hat der Apostel Paulus an die Korinther einen Brief geschrieben?

*Wäre er bei ihnen gewesen, hätte er mit Sicherheit mit ihnen gesprochen.*

Es gibt einen Tag, der nicht im Kalender steht – welcher ist es? *Der Todestag*

Warum kann es nicht zwei Tage hintereinander regnen?

*Weil die Nacht dazwischen liegt.*

Was hat einen Anfang und zwei Enden?

*Die Wurst*

# Es gibt einen, der kann's!

Einen Mund, der sehen, stehen, hören, gehen kann …?  *Der Vormund*

Einen Ring, der nicht rund ist …?  *Der Hering*

Einen Hahn, der zwar laufen, aber nicht krähen kann …?  *Der Wasserhahn*

Mäh… äh… äh, mäh… äh…

Einen Stuhl, der sich auf und ab bewegt …?

*Der Fahrstuhl*

Einen Abend, der bereits am Morgen
beginnt …?

*Der Sonnabend*

Einen Menschen, der die Feiertage in
vollen Zügen genießen kann …?

*Der Bahnschaffner*

# Das spaßige Echo

| | |
|---|---|
| Was essen die Studenten? | *Enten* |
| Was ißt der Herr Meier? | *Eier* |
| Was gibt es zu Reis? | *Eis* |
| Wer besucht die Fanni? | *Anni* |
| Wer war in der Turnhalle? | *Alle* |
| Was wollen wir nie vergessen? | *Essen* |
| Wer lacht da über mich? | *Jch* |

# Was ist dann …?

Wenn ein *Hühnerhof* ein Hof für Hühner ist –
was ist dann ein *Friedhof*?

Wenn ein *Jugendzimmer* ein Zimmer für Jugendliche ist –
was ist dann ein *Sprechzimmer*?

Wenn *Schuhcreme* Creme für die Schuhe ist –
was ist dann *Buttercreme*?

Wenn ein *Geldbeutel* ein Beutel für Geld
ist –
was ist dann ein *Windbeutel*?

Wenn *Quarkkuchen* ein Kuchen aus Quark
ist –
was ist dann *Hundekuchen*?

Wenn ein *Kleiderkoffer* ein Koffer für
Kleider ist –
was ist dann ein *Handkoffer*?

Wenn ein *Schneeball* ein Ball aus Schnee ist –
was ist dann ein *Fußball*?

Wenn ein *Kinderbuch* ein Buch für Kinder ist –
was ist dann ein *Katzenbuch*?

Wenn ein *Hosenknopf* ein Knopf an der Hose ist –
was ist dann ein *Druckknopf*?

Wenn eine *Obsttüte* eine Tüte für Obst ist –
was ist dann eine *Wundertüte*?

# Scherzgeschichten – kurz und knapp

Es war einmal ein Bauer. Der säte auf seinem Acker Erbsen. Nach getaner Arbeit sagte er: „Kommen sie nicht, dann kommen sie. Kommen sie aber, dann kommen sie nicht."
Was meinte der Bauer damit?

*Die Tauben. Kommen sie, dann kommen die Erbsen nicht; kommen aber die Tauben nicht, dann kommen die Erbsen, das heißt: sie gehen auf.*

Jn Kuba ging ich einmal über die Straße. Da sah ich einen kleinen Jungen. Der trug einen gelben Kittel. Da zog ich dem kleinen Jungen den Kittel aus und aß den kleinen Jungen. Schauerlich – oder?

*Mit dem kleinen Jungen ist eine Banane gemeint.*

Zwei Brüder gehen auf einem Feld spazieren. Von den beiden hat der kleinere immer mehr zu sagen als der größere.
Wer sind die Brüder?

*Die Uhrzeiger*

Heinrike ist ein besonders pfiffiges Mädchen. Sie erklärt: „Wenn ich von zehn zehn abziehe, so bleiben mir zehn übrig."
Wie kann Heinrike das behaupten?

*Sie zieht zehn Handschuhfinger von ihren zehn Fingern ab.*

# Auf den Buchstaben kommt's an

Was ist beim Elefanten klein und bei der Laus groß?

*Das „l"*

Womit fängt der Tag an und hört die Nacht auf?

*Mit „t"*

Was ist mitten in Ulm?

*Ein „l"*

Womit fängt jede Arbeit – ob leicht oder schwer – an?

*Mit „A"*

46

Wie schreibt man dürres Gras mit drei Buchstaben?

*Heu*

Was ist beim Riesen groß und beim Zwerg klein?

*Das „r".*

Wem verdanken Sonne und Sterne ihren Anfang?

*Dem „S".*

Welche Pflanzen haben zwei G?

*Bäume. Sie haben Zwei-ge.*

Was ist das: vorn ein M, hinten ein M und dazwischen vier Räder?

*Ein Auto aus München*

Lirum, larum, Löffelstiel – wie schreibst
du das mit drei Buchstaben? *So: das*

Welcher Vogel trägt stets ein Ei mit sich?

*Der Papagei*

Was entsteht, wenn aus einem Dreieck
ein Ei herausfällt? *Dreck*

Mit „u" machen es Langfinger, ohne „u"
sind es Langfinger. Wer weiß die Lösung?

*Rauben – Raben*

Wie heißt der letzte Buchstabe im ABC?

*„C"*

# Zählen müßte man können!

Was ergibt dreimal sieben?  *Feinen Sand*

Einige Monate haben 30, andere 31 Tage. Wie viele Monate haben 28 Tage?  *Alle*

Es gibt Leute, die können kurz nach ihrem 10. Geburtstag in Pension gehen. Welche?

*Die an einem 29. Februar geboren sind.*

Was ist die Hälfte von „elf"?

*„Sechs", wenn man die römische Ziffer XI mittendurch teilt: VI.*

Jn welchem Monat kommen die meisten Kinder zur Welt?  *Jm neunten Monat*

Ein Ei braucht 6 Minuten, um hart zu werden. Wie lange brauchen drei Eier?

*Auch etwa 6 Minuten*

49

# Bitte, nicht tierisch ernst nehmen!

Welches Tier geht im Hemd spazieren?

*Der Floh*

Wann läuft der Hase über die meisten Löcher? *Im Herbst, wenn er über die Stoppeln läuft.*

Welche drei Wörter hört der Hai am liebsten? *„Mann über Bord"*

Was ist grün, hängt an der Wand und bellt?

*Ein Dackel im Rucksack*

Welche Tiere müßte man ölen?

*Die Mäuse: sie quietschen.*

# Was macht dem Tausendfüßler beim Autofahren am meisten Schwierigkeiten?

*Er weiß nie, mit welchem Fuß er Gas geben soll.*

# Warum muß sich das Ferkel schämen?

*Weil seine Mutter eine Sau ist.*

Welche Vögel legen keine Eier?

*Die Männchen*

Warum darf das Pferd nicht Schneider werden?

*Weil es das Futter frißt.*

Was hat einen Kopf wie eine Katze, Augen wie eine Katze, einen Schwanz wie eine Katze, miaut wie eine Katze, fängt Mäuse wie eine Katze – und ist doch keine Katze?

*Der Kater*

# Die Rätsel der Elfen

Die Elfen sitzen im Felsenschacht,
vertreiben mit Reden die lange Nacht;

sie lesen sich lustige Rätsel vor,
die, wenn sie nicht Gold sind, doch klingen
    im Ohr.

Und wenn ein Windzug dazwischengeht,
so sind samt den Elfen die Rätsel verweht.

Welch Gold entstammt dem Erdschacht
    nicht?
Jch hörte von goldenem Sonnenlicht.

Wer borgt sein Silber von fremdem Gold?
Der Mond, der ob unseren Häuptern rollt.

Wo quillt die Träne aus härtester Brust?
Der Quell im Fels ist mir wohl bewußt.

Wo strömt ein Strom, da kein Strombett ist?
Der Regenstrom, der in den Lüften fließt.

Wo ist auf dem Fluß die breiteste Brück'?
Das Eis ist gebaut aus einem Stück.

Die Flut, die im stetesten Takt sich bewegt?
Das Blut, das im Herzen des Menschen
    schlägt.

Wer trauert in seinem buntesten Kleid?
Das ist der Baum zu des Herbstes Zeit.

Wer hat tausend Augen und sieht sich
    nicht?
Der Strauch, der sie treibet und weiß es
    nicht.

Wer sah nie von innen sein eigenes
    Haus?
Die Schnecke, und kommt doch niemals
    heraus.

Wo hat man den Kleinsten zum König
    gemacht?
Der Zaunkönig wird ausgelacht.

Wo tritt der Schwache den Starken
    nieder?
Den Erdboden des Menschen Glieder.

Was ist stärker als der Erdengrund?
Das Eisen; denn es macht ihn wund.

Was ist stärker als Eisen und Stahl?
Das Feuer schmelzt sie allzumal.

Was ist stärker als Feuersglut?
Die feuerlöschende Wasserflut.

Was ist stärker als Flut im Meer?
Der Wind, der treibt sie hin und her.

Und was ist stärker als Wind und Luft?
Der Donner; sie zittern, wenn er ruft.

Wer ist mächtiger als der Tod?
Wer da kann lachen, wenn er droht.

Und wer, wenn die Erde bebt, kann stehn?
Wer nicht fürchtet unterzugehn.

Warum fließt das Wasser den Berg nicht
    hinauf?
Weil's bergunter hat leichtern Lauf.

Warum trägt Kürbisse der Eichbaum
    nicht?
Daß sie dir nicht fallen aufs Angesicht.

Wozu hat der Gaul vier Füße empfang'?
Damit er mit vieren stolpern kann.

Und warum sind die Fische stumm?
Weil sie sonst würden reden dumm.

Wer löset alle Rätsel auf?
Wer immer was weiß, das sich reimet
   drauf.

Und warum schweig' ich endlich still?
Weil ich nichts weiter hören will.

Friedrich Rückert

**Hans Gärtner** wurde 1939 in Reichenberg/Nordböhmen geboren. Seit seiner Kindheit wohnt er in Oberbayern. Er war Volksschullehrer, promovierte nach einem Zweitstudium zum Dr. phil. und ist seit 1981 Professor für Grundschulpädagogik in Eichstätt. Seine Arbeitsschwerpunkte sind Leseerziehung und Kinderliteratur.

**Hans-Christian Sanladerer,** 1964 in Garmisch-Partenkirchen geboren, studierte Grafik-Design an der Akademie der Bildenden Künste in Nürnberg und der Parson's School of Art in New York. Seit 1988 ist er freiberuflich als Grafik-Designer tätig und seit 1991 auch als Jllustrator. Neben Werbeaufträgen arbeitete Hans-Christian Sanladerer bisher hauptsächlich für Zeitschriften.

# Der bunte Lesespaß